AF224798

MÉMOIRE

PRÉSENTÉ

A LA

CONVENTION NATIONALE,

AVEC LES PIÈCES JUSTIFICATIVES;

PAR

Les Députés de la Ville libre d'Empire
DE FRANCFORT - SUR - LE - MEIN;

CONCERNANT

La Contribution militaire de deux millions de florins, impofée à ladite Ville, au nom de la RÉPUBLIQUE FRANÇOISE.

———

A PARIS,

De l'Imprimerie de la Veuve HÉRISSANT, rue de la Parcheminerie Nov. 1792, l'An premier de la République Françoife.

REPRÉSENTANS DE LA NATION FRANÇOISE,

Ecoutez la voix des Adminiſtrateurs d'une Ville, qui n'a aucune meſure déſaſtreuſe au Peuple François à ſe reprocher, & dont les rapports de commerce avec vos principales Villes ont, de tout tems, établi & formé les liaiſons les plus étroites de confiance & d'intimité.

Rétabliſſez les principes de juſtice & de politique qu'on paroît, en ce moment, méconnoître envers nous, ſur des rapports infidèles de notre ſituation. Rendez la tranquillité & le repos aux Citoyens paiſibles que la Ville de Francfort renferme dans ſes murs. Voilà la tâche généreuſe, pour laquelle nous vous détournons, pour un inſtant, de vos grands travaux.

Repréſentans de la Nation Françoiſe, vous qui, dans des momens d'une attitude impoſante, déclarez aux Nations, que les principes immuables de juſtice ſont dans vos cœurs, peut-il être dans votre intention de faire peſer auſſi rigoureuſement ſur cette Ville, les ſuites malheureuſes d'une guerre qu'elle n'a ni provoquée ni ſoutenue par ſes rapports, mais dont même elle a cherché à détourner, autant qu'il dépend d'elle, l'influence déſavantageuſe pour le commerce des François, en ouvrant une Négociation étendue, pour débarraſſer cette prémière ſource de la félicité publique de toute entrave.

A 2

(4)

Les motifs que le Citoyen François, Général Cuſtine, nous indique ſont d'une nature à perdre toute prépondérance devant un Peuple généreux & ami de la Liberté. Confians d'ailleurs dans vos déclarations, de vouloir protéger la propriété de ceux qui ne vous ont donné aucun ſujet de plainte, nous devons eſpérer le redreſſement de nos griefs ; nous devons nous perſuader que les ordres, d'après leſquels votre Général agit à notre égard, ſeront révoqués ; que la ſomme immenſe qu'on nous a déjà fait verſer dans votre Caiſſe, nous ſera reſtituée ; que la garantie qu'on nous a obligé de fournir, pour un ſecond million de florins, nous ſera rendue ; que, dans le ſyſtême de la neutralité la plus parfaite dont nous nous ſommes fait la loi, vos armées recevront ordre de laiſſer notre Ville exempte de toute garniſon, & de toute exaction de fourniture.

Conſidérez, Repréſentans du Peuple François, que ces griefs ne ſeroient pas ſeulement les nôtres, mais ceux de toutes les Nations avec leſquelles les individus de cette Cité ſont dans des relations commerciales ſans nombre, ceux même d'une quantité de Citoyens François dont les intérêts particuliers ſont dans une liaiſon étroite avec ceux de nos Concitoyens, auxquels ils tiennent, par les rapports multipliés du commerce, & par les liens du ſang.

Ecoutez la ſérie des événemens, qui ont produit les maux dont nous vous demandons l'allégement.

Les approches de votre armée ne devoient avoir rien d'inquiétant pour les Citoyens de cette Ville ; auſſi ils vivoient dans la ſécurité que faiſoit naître la conviction de n'avoir obſervé que la conduite la plus loyale, & manifeſté les intentions les plus pacifiques envers la Nation Françoiſe.

Quel fut donc leur étonnement, lorſqu'ils virent arriver,

(5)

le 22 Octobre, fous les murs de leur Ville, une colonne de votre armée du Rhin, aux ordres du Général Neuwinger, qui prétendit l'entrée de fa troupe armée, en refufant de s'expliquer fur fes intentions, & en fe rapportant à une lettre du Général Cuftine qu'il préfenteroit au Sénat. Quoique nous n'ayions jamais eu les intentions d'oppofer la moindre difficulté, au cas que cette arrivée fût amicale & dans les principes de la neutralité, nous avions cependant donné ordre aux Députés que nous avions envoyés au - devant du Général, d'infifter fur une déclaration de fa part. Mais toute inftance fut inutile, & nos Députés virent le moment où le canon alloit être braqué contre nos murs, ce qui les engagea d'accorder l'entrée, fans la déclaration préliminaire & d'ufage. Ils efpéroient que la franchife de cette démarche feroit fuffifante, pour empêcher toute efpèce d'hoftilité que cette entrée fembloit préfager. Elle devoit même l'être entièrement, par la manière amicale dont les Citoyens de l'Armée Françoife furent reçus par les Citoyens de notre Ville. Nous croyons pouvoir nous en rapporter à leur propre témoignage. Cependant la fituation de notre Ville changea bien - tôt de face, par l'ouverture de la lettre du Général Cuftine au Sénat (1), & par la déclaration verbale du Général Neuwinger, que la contribution exigée devoit être de deux millions de florins. Étonné du grief énoncé contre cette Ville, d'avoir accordé protection aux préparatifs menaçans des Emigrés François, & à leur caufe, le Magiftrat de Francfort s'empreffa d'envoyer des Députés vers M. le Général Cuftine (2), établi à Mayence, pour expofer la conduite qu'il s'étoit prefcrit, en mettant fous fes yeux le tableau de différens Arrêtés pris à ce fujet (3). Ils n'eurent qu'un foible fuccès, en obtenant une diminution de 500, 000 florins (4). La réponfe de ce Général, du

2 3 , perſiſte non - ſeulement dans l'opinion ſur nos torts, mais entre encore dans des détails ſur leſquels l'on croit devoir ſe permettre une juſtification étendue. En attendant , le Général Neuwinger fit publier une proclamation (5), qui indiquoit plus ſpécialement, que la Contribution demandée ne devoit point peſer ſur le Citoyen ; mais uniquement ſur les claſſes privilégiées , domiciliées en cette Ville. Dans le même intervalle , des Citoyens zélés de cette Ville firent de nouvelles tentatives, ſur la façon de voir de M. Cuſtine, ſans qu'elles euſſent plus de ſuccès. Les Magiſtrats ſe virent même forcés, le 24, pour empêcher que le Général Neuwinger n'effectuât des menaces, de mettre tout à feu & à ſang, de faire faire proviſoirement une remiſe de 300, 000 livres à la Caiſſe de ce Général, qu'ils ne regarderent cependant, ainſi que toutes celles qui les ſuivirent, que comme un dépôt fait à la Nation Françoiſe. Le même jour, 24, les Magiſtrats de Francfort firent partir une ſeconde Députation vers M. de Cuſtine, avec des dépêches, pour convaincre ce Général, que ſi , d'après la proclamation faite par ſon ordre, la Contribution ne devoit atteindre le Citoyen , il n'y avoit nulle part de motif pour en charger la Caiſſe de la Ville, qui , étant ſi poſitivement le patrimoine des Citoyens, qu'elle n'eſt pas même, d'après notre Conſtitution , à la diſpoſition du Magiſtrat, ſans le concours des Députés de la Bourgeoiſie, n'avoit rien de commun avec la claſſe des privilégiés que le Général Cuſtine entendoit frapper, & pour lui expoſer qu'en prenant cette Contribution énorme de ladite Caiſſe , c'étoit la faire refluer ſur les Citoyens, le Magiſtrat manquant de moyens coërcitifs pour s'en faire reſtituer de la part des Privilégiés, poſſeſſionnés dans la Ville & ſa Banlieue. (6 & 6 *bis*).

La force de ces obſervations frappa M. de Cuſtine, & ſa Réponfe du 25, (7) détermine plus pofitivement, que c'eft la clafle des riches quelconques qu'il entendoit impofer. Cette Ré-ponfe accompagnée du reproche, de ce que nous ayons déjà été occupé de faire contribuer à cette fomme exigée, la clafle indigente ou néceffiteufe, accorda cependant une feconde di-minution de 500,000 florins , en y joignant la demande de notre artillerie de 24 avec fes munitions en forme de prêt, & dont la valeur eft très-confidérable. De tous les reproches qui nous avoient été faits, celui-ci devoit nous affecter le plus, puifqu'accompagné d'une forte de promulgation, il pouvoit nous éloigner l'attachement & la confiance de nos Adminif-trés; fi nos foins antérieurs ne les avoient pas affermis d'une manière à ne pas les perdre par l'influence d'un moment. Vous favez vous-mêmes, Repréfentans du Peuple François, trop bien apprécier la valeur de cette confiance, pour ne point con-venir avec nous, que c'eft en elle que repofe la bafe des Gou-vernemens, & le prix effentiel des foins foutenus d'un Admi-niftrateur. Auffi quelle fatisfaction pour nous, en ce moment, de pouvoir mettre en évidence la gratuité de ce reproche! L'on avoit vu, le 23, tous nos Concitoyens s'empreffer à l'envi vers la Caiffe de la Ville pour y verfer le numéraire , dont ils pourroient fe paffer, & l'on combina la fuppofition, que cela fe faifoit à la fuite d'une ordonnance diftributive, que le Magiftrat avoit déjà rendu ; mais ces perfonnes ignoroient que notre Conftitution rendoit abfolument impraticable une pareille mefure, & qu'elle ne pouvoit fe faire que de concert avec les Députés de la Bourgeoifie : ces perfonnes ignoroient que la fcène, dont ils étoient les fpectateurs, n'étoit que l'effet d'un libre empreffement de nos Concitoyens de mettre la Caiffe de la Ville en état de faire, à tout évènement, le paiement d'une fomme quelconque, pour détourner de la Ville, un traitement plus funefte; ils ignoroient que nous avions invité dans la nuit du 22, (8) par un avis, qui avoit circulé de maifon en maifon, nos Concitoyens à laiffer un libre cours à leur patriotifme; ils ignoroient que déjà nous étions de concert avec les Députés de la Bourgeoifie à exempter entièrement la claffe indigente ou même non aifée de la répartition de la fomme, que nous ferions finalement obligés de payer à titre de Contribution, dont cependant nous remîmes d'abord l'affiette à des tems plus calmes, & de la faire fupporter uniquement à ceux dont les propriétés confidérables auroient été préfervées d'un danger plus affligeant.

Toutes ces confidérations dûrent nous porter à continuer nos remontrances auprès de M. le Général Cuftine, nous lui adreffâmes en conféquence notre lettre du 26 (9), & le 27, ce Général fe portant vers nos murs, nous députâmes encore vers lui, pour réitérer verbalement nos inftances, & le déterminer à nous accorder quelques articles précis pour tranquillifer le Citoyen de cette Ville fur l'arrivée des Troupes de la République. La réponfe donnée à nos Députés nous replongea dans un grand étonnement, puifque le Général ne fe contentant plus du million de florins, auquel il s'étoit déjà fixé, & nous imputant les délais que nous avions effayé de mettre dans les paiemens, efpérant toujours de fa juftice la remife entière, infifta de nouveau fur le paiement de deux millions de florins. Pour fe les affurer d'autant plus pofitivement, il fe faifit d'abord à fon entrée dans la Ville de huit Otages des principales maifons de commerce, quoiqu'il étoit avec fon Armée dans nos murs : le 28, nous reçûmes fa réponfe par écrit, (10) laquelle, jointe à l'arreftation des Otages, ne nous permit plus
que

que de parler le langage de la foumiſſion, & de nous jeter
dans ſes bras. Tel fut le ſentiment que nous exprimâmes dans
notre Note du 28, (11) & notre lettre du 29 (11 *bis*) à la ſuite
deſquelles nous fîmes procéder à des remiſes ſucceſſives. Après
différens pour-parlers, on parvint cependant à porter le Général à ſe contenter de la remiſe d'un million de florins comptant, & à laiſſer entrevoir que la reconnoiſſance, qu'il exigea
pour le ſecond million de florins d'Empire, dont moitié payable
en ſix mois, & l'autre moitié quatre mois après le paiement
du premier terme, pourroit bien être annullée par la ſuite.
Dans ces diſpoſitions, il retourna vers Mayence, & exigea
que le paiement du million de florins, ſeroit parfait en deux
fois vingt-quatre heures, ce que nous nous empreſſâmes de
faire effectuer, quelque grand que fût notre embarras à ra-
maſſer tout-à-coup une ſi forte ſomme.

Le Général Neuwinger toucha juſqu'au ſoir du 31 Octobre ſept paiemens, qui formerent la ſomme de 2,181,818 liv.,
de France, ou un million de florins d'Empire, & dans le même
moment les Otages furent remis en liberté. Le premier Novembre, nous députâmes encore vers le Général Cuſtine à Mayence,
en lui faiſant paſſer notre demande (12), de nous munir d'une
ſauve-garde générale, nos Députés lui remirent la reconnoiſſance exigée (13) pour le ſecond million de florins, & re-
çurent une ſauve garde (14), qui cependant nous laiſſa encore
des inquiétudes ſur les demandes, que pourroit former le Général, qui lui ſuccéderoit. La réponſe du Général, par écrit
(15), nous promet à la vérité de s'intéreſſer à ce que la Convention Nationale ſtatuât formellement, qu'aucune Contribution ultérieure ne ſeroit plus exigée dans le cours de cette
guerre; mais ce n'eſt pas uniquement cet objet, qui nous

B

amène dans votre Affemblée, Repréfentans de la Nation Françoife, c'eft toute la mefure des procédés que nous avons éprouvée, qui doit nous engager à élever notre voix, à détourner les griefs, auxquels votre Général, fur des rapports infidèles, paroît avoir attaché trop d'importance. Notre difculpation repofe dans la conduite, que nous avions conftamment devant les yeux, *elle avoit pour but une démonftration non équivoque d'une neutralité parfaite, & dans laquelle nous efpérions bien être maintenus, quelque dût être la réfolution de la Diète fur la guerre d'Empire*; nos procédés refpiroient par-tout l'adhéfion folemnelle au principe inconteftable, qu'il n'appartient pas à une Nation de s'immifcer dans les efforts d'une autre, pour fe préparer une Conftitution, qui fixe fon bonheur. Vous en verrez la preuve, Repréfentans de la République Françoife, dans les mefures, que nous allons vous citer.

En Mai 1791, les Princes François firent faire la propofition de prendre en gage une partie confidérable de diamans contre le prêt d'une fomme de 100,000 florins; elle fut rejetée du premier abord.

En Octobre 1791, follicitation des mêmes, pour céder contre paiement comptant une forte partie de notre parc d'artillerie; même refus, qui nous valut l'approbation du Miniftre des Affaires Etrangères d'alors, contenue dans fa lettre du 15 Novembre, (16) au Sieur Barozzi, Réfident François dans cette Ville. Cependant nous avions fixé plufieurs mois avant ces évènemens révolutionnaires, de procéder à la vente d'une partie des canons, pour fuppléer aux grandes dépenfes que nous occafionna la conftruction d'une Eglife.

Environ vers le 10 Octobre, le grand Bailliage d'Ettenheim,

appartenant au *Prince - Evêque* de Strasbourg, Cardinal de Rohan, requit le Magiftrat de faire afficher une ordonnance contre les Maire & Procureur de la Commune de Strasbourg. Il ne voulut, en aucune manière, fe prêter à un acte, qui auroit pu difcréditer des autorités légalement établies par la Conftitution Françoife.

En Novembre 1791, le Magiftrat fit quitter la Ville à un Officier émigré, qui cherchoit à recruter pour le corps **Wittgenftein**, & il fit infinuer en même-tems au Chef de ce corps *Wittgenftein*, quoique Comte d'Empire, qu'il ait à s'abftenir des tentatives, dont il étoit foupçonné, de faire recruter dans la Ville & fon territoire.

Vers la fin du même mois, mêmes plaintes ayant été produites contre un autre Officier, le Magiftrat crut devoir prendre des mefures plus rigides ; il fut mis pour trois jours en état d'arreftation, avec injonction de quitter la Ville à fon élargiflement.

Il y a plus ; le 31 Décembre 1791, un Sous-officier demandant le paflage par la Ville avec fes recrues pour le corps Wittgenftein, le Magiftrat les fit arrêter, & ne permit point qu'ils paflaflent audit fervice.

Le 14 Mars 1792, deux particuliers s'annoncerent dans une auberge comme Recruteurs pour la troupe des Princes. On s'en faifit de fuite & l'on fit quitter la Ville à l'un, & l'autre fe trouvant être un habitant de la Ville, fut contraint de promettre, *fous ferment*, de s'abftenir de ce trafic prohibé ; l'Adjudant de la garnifon furveilla depuis fes démarches.

(12)

Le 11, Août 1792, l'on se saisit d'un jeune-homme, qui avoit été enrôlé pour ledit service.

Pour ne rien laisser échapper à la surveillance constante, que le Magistrat se proposa, on alla jusqu'à enfreindre la liberté des foires, lorsqu'en Septembre dernier un colporteur essaya de mettre en vente deux brochures absolument contre-révolutionnaires, intitulées : *nouveau Cathéchisme national & interrogatoire du Roi de France*, par la saisie des exemplaires & la défense du débit.

Lorsqu'enfin, Représentans de la Nation Françoise, vos Armées se proposerent d'approcher de Mayence, le gouvernement de cette Ville demanda au Magistrat de Francfort ses canonniers; mais il s'y refusa.

Telles sont entr'autres les preuves que le Magistrat de Francfort peut produire pour constater ses efforts à écarter tout ce qui pouvoit blesser la Nation Françoise, & tout ce qui ne répondroit pas au système de la plus parfaite neutralité, qu'il avoit adopté. Cependant tous ces efforts furent infructueux pour convaincre votre Général, & nous nous voyons dans la triste nécessité, de répondre aux torts qu'il met en opposition à nos preuves.

Dans les défenses multipliées contre les recrutemens pour les Princes, ce n'est pas notre sollicitude soutenue à les proscrire qui le frappa, il s'arrêta plutôt à l'idée, qu'un mauvais choix des moyens, pour mettre nos défenses en exécution, en fut la cause. Représentans du Peuple François, nous en appellons à vous mêmes; quand il s'agit d'apprécier le terme, qu'une police attentive doit mettre à la liberté individuelle, & les limites d'un pouvoir exécutif, qui ne veut s'appéfantir que fur les coupables; glorieux de la réputation, qu'avoit confervé la Ville de Francfort de réunir à une liberté étendue une police active, pour détruire le mal dans fa fource, fans aller au-devant des coupables, nous tenons en horreur toutes mefures inquifitoiiales de la marche de nos foins pour être inftruit, dès qu'on effayoit de contrevenir à nos défenfes. Si ces découvertes ont été fréquentes, elles font preuves de l'affluence des étrangers dans cette Ville; & ce ne font pas les intentions ni les projets non exécutés, que nous pouvions, que nous devions punir, mais bien les contraventions. Si ces contraventions parvenues à notre connoiffance euflent refté impunies, fi la malveillance la plus attentive pouvoit nous produire un feul cas, dans lequel nous nous euffions laiffés entraîner à une tolérance dangereufe, nous ferions dans notre tort, & il ne nous refteroit d'autre parti, que de fubir patiemment le fort rigoureux que nous éprouvons. Mais, dans la pureté de nos intentions, munis des preuves inconteftables de nos foins, à ne pas nous écarter des bafes de la neutralité, il eft confolant de pouvoir élever fa voix pour éclairer la Nation, au nom de laquelle nous fommes inculpés.

L'on veut encore nous faire un reproche de ce que toutes ces défenfes ne datent, que de l'époque à laquelle les Puiffances Etrangères ont été fommées de refufer protection aux Emigrés. Nous avouons, qu'il paroît de nature à ne point exiger de replique; cependant, permettez-nous, Repréfentans de la Nation Françoife, de vous demander, fi, quoique ne formant qu'un Etat foible & peu confidérable dans la balance politique, nous n'ayons pas le droit de prétendre à être traités d'après les Loix établies dans le droit des Gens, & fans doute d'après celle-ci ce n'eft que de l'époque de la fommation fufdite que pourroit dater un reproche à ce fujet , fi jamais notre procédé eût pu nous en attirer de la part de la Nation Françoife. Nous ajoute-rons de plus, que les tentatives de recruter ne parvinrent à notre connoiflance que vers cette époque , que nos défenfes réitérées défignent, elle coincide avec celle où le Comte de Wittgenftein fe chargea de la levée d'un Corps.

L'on nous reproche de plus, que des Emigrés avoient exiftés dans cette Ville, preuve de ce qu'en Avril dernier nous avions été obligés de rendre un décret pour retenir les indécences que quelques-uns fe permirent dans les rues. Eh! jamais nous n'avons entrepris de nier qu'occafionnellement des Emigrés ont fait quelque féjour dans cette Ville, & qu'en tems de foires, aux-quelles l'époque ci-deffus indiquée fe rapporte, ils aient été quelquefois en nombre. En établiffant ce fait, il faut être jufte, il ne faut pas en féparer la queftion, qui y eft immédiatement liée. Dans le fyftème de neutralité, nous ne pouvions refufer l'entrée de la Ville à qui que ce fût, le tems des foires fur-tout ne permet aucune mefure rigoureufe, une entière liberté en fait l'âme & le foutien. Dans ces principes nous invoquons le témoignage de tant d'individus que la pofition de la Ville attire à toute faifon , nous invoquons le témoignage même des patriotes nombreux que le tems des foires & leurs affaires de commerce ont amenés dans nos murs pendant tout le tems de la Révolution Françoife; ils ne peuvent que nous rendre ja juftice, qui nous eft véritablement dûe, de n'avoir jamais enfreint les bornes de l'hofpitalité qui fe comportent avec la plus ftricte neutralité, de n'avoir jamais toléré les Emigrés que comme des particuliers qui ne logeoient qu'aux auberges & qui n'oferent fe permettre de fe former en corps, & moins encore de faire des évolutions militaires. Vous avez donné un exemple frappant, Repréfentans de la Nation Françoife, du refpect que vous avez pour les démonftrations de la neutralité, par la conduite, que vos Généraux tiennent envers la Maifon Palatine ; tous les Voyageurs n'ont-ils pas vu que les Emigrés jouiffoient d'une parfaite hofpitalité dans les terres Palatines, & notamment à Manheim & Heidelberg, tandis que, dans notre Ville, leurs nombre n'a jamais été confidérable, & ne l'a été que fucceffivement en tems de foire. Non, il ne peut entrer dans l'efprit des principes que la Nation Françoife a pofés elle - même, de vouloir mettre à notre charge des domiciles momentanés, qui n'auroient pu être défendus fans attaquer la liberté individuelle. Nous ajouterons enfin que les efforts réitérés d'un Comte de Morfan à fe faire reconnoître, comme Agent des Princes, n'ont jamais pu nous porter à nous défifter de notre principe ; nonfeulement il n'a pas été reconnu en cette qualité, mais il fut même obligé à s'abftenir de toute infinuation à cet égard, quoique nous ne pûmes lui défendre le domicile de cette Ville, puifqu'il avoit fu fe faire recevoir au nombre des Chambellans de S. M. le Roi de Pruffe.

Repréfentans du Peuple François, vous êtes juftes, loyaux, pefez nos motifs avec cette balance des fonctions adminiftratives, que vous avez prefcrites aux Adminiftrateurs du Peuple François, & nous fommes affurés d'une favorable décifion.

Nous douterions, fi nous devons nous arrêter à cette autre inculpation, que le numéraire ait été extrait de la France par les Citoyens de cette Ville, pour le verfer dans la Caiffe des

Princes, fi nous nous envifagions uniquement en Adminiftrateurs de cette République, qui ne peuvent être refponfables
des faits des particuliers, auffi long-tems que la plainte n'en
ait été portée à notre connoiffance. Mais il eft de notre devoir
de parler tout autant pour la difculpation de nos Concitoyens,
que pour celui de nos fonctions adminiftratives. Où fe trouve
donc la preuve, que le numéraire ait été extrait de la France
pour cet objet; nous la demandons aux Banquiers de cette
Place, aux Négocians de la Commune, & nous trouvons dans
leurs réponfes, une juftification complette de leurs opérations.
Nous avouons, difent-ils, d'avoir été chargés de fortes remifes
à la Caiffe des Princes par les Puiffances Etrangères, mais
de la nature de ces remifes ne s'enfuit-il pas, que ce numéraire, loin d'avoir été extrait de la France, diminuoit les tré-
fors des Puiffances, qui pouvoient nuire à la Nation Françoife. Sommes-nous refponfables, demandent-ils, de fuivre les
opérations, auxquelles la carrière que nous avons embraffée
dans la vie fociale, nous invite; eft-ce à nous particuliers à
juger de l'influence de telle ou telle remife, qu'on nous fait
faire? Obligés par état au fervice du Public, nous ne pouvons
refufer notre miniftère, quand nous trouvons notre intérêt particulier couvert, c'eft l'efprit du commerce dans quelque pays
qu'il fe faffe, en général, de ne pas connoître aucun parti,
c'eft ainfi, que nous prêtons aujourd'hui notre entremife à
l'un, demain à l'autre, quand même leurs intérêts devroient
fe croifer. Ils allèguent une preuve frappante, qui doit vous
faire fenfation, Repréfentans de la Nation Françoife. Ils po-
fent en fait, ils s'engagent de produire les preuves, que dans
d'autres époques pendant le cours de cette Révolution, ils
ont favorifé plus d'une fois le verfement d'un grand numéraire
au Tréfor

au Tréfor national; ils s'appuient fur les preuves que peut fournir votre propre banque, que c'eft à fes difpofitions fur cette place, comme fur tant d'autres, que la Nation Françoife à dû, à certaines époques, le numéraire, qui affluoit dans fa Caiffe; voudriez-vous, Repréfentans de la Nation Françoife, rendre refponfables les Négocians, qui vendent les objets avec lefquels ils trafiquent, dè l'abus qui pourroit en être fait; voudriez-vous prétendre, que le Négociant s'abftienne des fournitures qu'on lui commande dans des vues politiques, auxquels il ne prend aucune part. Demandez à vos prépofés aux habillemens des Troupes, la quantité très-confidérable de draps, qui leur a été fourni par le canal de cette Ville, & jugez fi vous pouvez objecter aux Négocians de cette Place un efprit de parti : non, nous le répétons, ce n'eft pas cet efprit, c'eft uniquèment l'ouverture du débouché qui anime le commerce.

Quant à l'imputation d'avoir prêté leur miniftère à la circulation d'Affignats faux, ils en frémiffent d'horreur ; ils nous chargent de faire retentir ces voûtes auguftes de leurs plaintes amères; ils abhorrent une imputation, qui les met à l'égal de ces abominables fauffaires mêmes. Rendez, Repréfentans de la Nation Françoife, à nos Concitoyens, la bonne réputation que cette calomnie alloit leur enlever. Reffouvenez-vous des rapports de commerce très-multipliés que notre place entretient avec prefque toutes les Villes commerçantes de votre République; confidérez les dangers qui réfulteroient pour elles, fi cette affertion alloit être accréditée. Mais nous nous appercevons de la fource d'où peut-être elle provient. Nous nous reffouvenons de l'arreftation d'un Commis d'un Négociant de cette Ville, arrivé à Strasbourg, il y a quelque tems, pour avoir été foupçonné

C

d'introduire de faux Affignats ; nous ne le favons que par le bruit public, puifque la connoiffance ne nous en appartenoit pas ; & le même bruit nous affure que ce Particulier a été relâché. Ce feroit la preuve la plus évidente qu'il fût jugé innocent de ce grand crime ; & même, s'il eût été coupable, feroit - ce un motif d'en inculper toute une Commune; feroit - ce un motif de dicter une peine, qui reflueroit même fur ceux qui n'y auroient pas trempé. Les faits particuliers ne peuvent être jugés que par la voie des Tribunaux; ils y ont été foumis, ils ont été jugés ; éloignez donc, Repréfentans de la Nation Françoife, l'idée d'en vouloir faire une caufe de Nation à Nation.

Il eft encore un reproche qu'on fait à notre Adminiftration; nous allons y répondre : la caufe eft trop grave pour laiffer aucune allégation fans replique. L'on nous oppofe des affertions d'une Gazette rédigée fous nos yeux, qui doit avoir fauffé l'efprit des Germains fur les principes de la Révolution ; l'on veut nous faire un crime de quelques raifonnemens, auxquels nous aurions à mettre en oppofition tant d'autres inférés dans les mêmes Gazettes, & defquels il eft facile de déduire, que le Rédacteur, loin d'être vendu à un efprit de parti, ne fe permet qu'occafionnellement des raifonnemens, qui, fouvent en contradiction entre eux - mêmes, fe porterent quelquefois à des déclarations inconfidérées. Ce n'eft pas-là la marche d'une Gazette qui cherche à influencer l'opinion de tout un Public, & ce n'eft cependant que dans ce fens que l'on pourroit faire valoir ce reproche. Il eft d'ailleurs connu que, d'après notre Conftitution, nous devons répugner à faire des Loix prohibitives, qui rétréciffent cette Liberté, & l'on voudroit qu'en oppofition aux mefures adoptées en France, qui ne permettent plus aucune cenfure , nous ayions pouffé la nôtre à une févérité rigide. Non, il eft impoffible que ce foit votre opinion , Repréfentans d'un Peuple libre , il ne fe peut que vous tourniez en reproche à une Adminiftration d'une Ville libre de ne pas févir contre quelques affertions , qui ne font que les opinions d'un individu.

Voilà , Repréfentans de la Nation Françoife, les torts qui doivent nous avoir mérités le traitement rigide que nous effuyons; nous fommes éloignés d'en inculper votre Genéral. Ce Citoyen François peut avoir lui-même été induit en erreur, & muni de fes ordres, il ne pourra s'en défifter. C'eft donc à vous que nous avons dû nous adreffer directement; nous l'avons fait avec cette franchife que nous fommes accoutumés de mettre dans nos procédés ; nous l'avons fait avec cette fermeté, cette énergi e que l'affurance de la vérité donne, que la liberté dont nous jouiffons , & dont nous faifons jouir un chacun, nous autorife de porter devant vous. Repréfentans de la Nation Françoife, c'eft à vous de prouver à l'Europe entière que votre mefure politique eft celle d'une Nation grande & généreufe; nous n'en doutons pas, & nous fommes tous confians en votre décifion.

Déclarez donc que la Ville de Francfort n'a en rien enfreint la conduite mefurée d'une parfaite neutralité; qu'elle eft & demeure fous la protection de cette conduite exempte de toutes charges dont vos Armées pourroient impofer les terres d'Allemagne; que non - feulement le million de florins qu'elle a verfé dans la Caiffe militaire de vos Armées fur le Rhin lui fera reftitué, mais qu'encore la reconnoiffance qu'elle a fournie fur un fecond million de florins lui fera également rendue.

Ordonnez à vos Généraux - Commandans fur le Rhin, de ne pas inquiéter la Ville de Francfort, par des demandes ultériéures en Contribution, & même par celle des fournitures & de logemens de gens de guerre ; c'eſt ainſi que vous manifeſterez aux Nations, que les Peuples paiſibles peuvent repoſer en toute tranquillité à côté de vos diſpoſitions guerrières.

Les Députés de la Ville libre d'Empire de Francfort-fur-le-Meyn.
CHARLES - FRÉDÉRIC SEEGER , Syndic.
GOTTLIEB ENGELBACH, Négociant.

PIECES JUSTIFICATIVES.

N.º I.

COPIE de la Lettre de M. le Général CUSTINE au Magiſtrat de Francfort.

Au Quartier-Général à Mayence, 21 Octobre 1792,
l'an 1.ᵉʳ de la République Françoiſe.

MAGISTRATS DU PEUPLE.

LA PROTECTION qu'ont reçu, dans vos murs, les préparatifs menaçans que formoient les Emigrés François, a donné des preuves trop convaincantes de la protection que vous accordiez à leur cauſe, pour ne pas m'obliger à exiger de vous une contribution.

Le Citoyen François, Maréchal - de - Camp Neuwinger, vous fera part de ma demande.

J'ai été prévenu que, dans vos mur, étoient renfermés des fonds appartenans à l'Empereur & au Roi de Pruſſe ; j'ai ordonné au Général Neuwinger de s'en ſaiſir.

Je ne me ſuis livré qu'à des demandes modérées, comparées aux frais énormes de la guerre que nous a cauſée la protection accordée à nos plus cruels ennemis.

Le Citoyen François, Général d'Armée,
CUSTINE.

Aux Magiſtrats du Peuple,
à Francfort.

A

N.º 2.

Copie de la Lettre du Magiſtrat de Francfort à M. le Général Custine, à Mayence.

Francfort, 22 Octobre 1792.

Monsieur le Général,

Nous éprouvons un étonnement bien douloureux, en apprenant la demande que vous formez à cette Ville, à titre de Contribution, & nous ne pouvons nous perſuader que le motif que vous alléguez, dans la lettre que M. le Général Neuwinger vient de nous remettre ſoit réellement applicable aux procédés dont nous nous ſommes fait la loi, pour ne donner aucune eſpèce d'aſſentiment aux préparatifs des Emigrés : nous n'avons, au contraire, que le ſouvenir des actes, non équivoques, de notre conſtante réſolution à n'en tolérer aucune à vous propoſer, & nous vous prions, Monſieur le Général, de vouloir bien écouter ce que nos Députés Citoyens, le Sieur Humbracht, ex-Bourg-meſtre ancien & Echevin, le Sieur Seeger, l'un des Syndics, & le Sieur Moors, Docteur & Sénateur, tous trois de notre Corps, auront l'honneur de vous alléguer à ce ſujet. Nous ſommes trop confians dans la juſtice que vous rendrez à nos principes, pour ne pas eſpérer qu'ils parviendront à vous déterminer de ne pas inſiſter ſur une Contribution de la part de cette Ville, dont les finances d'ailleurs ſont encore fortement embarraſſées, par les dettes que les dépenſes de la guerre de ſept ans a occaſionnées.

Veuillez bien accueillir leurs inſtances, & tout ce qu'ils auront l'honneur de vous aſſurer de nos ſentimens, en notre nom ; c'eſt avec une conſidération diſtinguée que nous avons l'honneur d'être.

N.º 3.

EXTRAIT certifié tiré des Regiſtres publics des années 1791 & 1792.

(*a*) Au mois de Mai 1791 , M. le Comte d'Artois a demandé au Lombard de cette Ville un emprunt de 200,000 florins , fur une partie très - confidérable de Diamans, & cette demande a été écartée d'après l'Arrêté du 12 dudit mois.

(*b*) Au mois de Novembre 1791 , le Bureau Militaire de cette Ville, d'après la notice donnée au Sénat, le 24 dudit mois , s'eſt refufé à la propofition à lui faite, par l'entremife d'un Négociant de Coblentz, de vendre une partie des canons exiſtans à l'Arfenal , dont la vente avoit cependant été arrêtée par le Sénat, pour fubvenir aux frais d'une conſtruction d'Eglife & d'autres dépenfes extraordinaires.

(*c*) Le grand Bailliage d'Ettenheim, Evêché de Straſbourg, ayant requis le Magiſtrat de Francfort, aux fins de faire afficher une citation édictale contre le Maire , le Procureur de la Commune & un Officier Municipal de Straſbourg , pour caufe d'une prétendue participation à l'affaffinat médité du Prince - Evêque Cardinal de Rohan dont étoit accufé un nommé Julien Efpiard, le Sénat des Echevins a réfolu de ne pas déférer à cette requifition , fuivant le Decret du 10 Octobre 1791.

(*d*) Lors de la dénonciation faite en Novembre 1791 , qu'un Colonel - Lieutenant François , nommé Chardique, tentoit des recrutemens pour les Princes François, le Sénat des Echevins ordonna , le 18 dudit mois, de lui interdire le fejour dans la Ville, en défendant à l'Aubergiſte de l'héberger plus long - tems, & ce, fous une forte amende.

(*e*) A la fuite dudit Decret du Sénat des Echevins , on fit connoître à M. le Comte de Wittgenſtein - Wittgenſtein , auquel, on avoit eu occafion de fuppofer les mêmes intentions de recruter, que le Magiftrat vouloit qu'il s'abftînt de toute levée de troupes pour les Princes François, dans la Ville & fon territoire, par des voies directes ou indirectes, & ce, tant à l'égard des Citoyens & habitans de cette Ville qu'à l'égard de tous autres Etrangers.

(f) Lorfqu'au mois de Novembre 1791, le Capitaine François, Marquis de Mefle, avoit engagé un homme pour le fervice de l'artillerie, ledit Capitaine a été mis aux arrêts pour trois jours, & aftreint de quitter la Ville dès fon relâchement, & même punition d'arreftation a été decrétée contre l'homme qui s'étoit laiffé engager:

(g) Au mois de Décembre 1791, deux Sous-Officiers demanderent, avec fept Recrues pour le Corps Wittgenftein, le paffage de la Ville; mais cette petite troupe a été enlevée, & ils ont été empêchés de paffer au fervice des Princes François, d'après le Decret du Sénat du 31 dit.

(h) Au mois de Mars 1792, deux Recruteurs François fe logerent à l'Auberge du Palmier; mais, par Decret du 14 Mars, ils en furent empêchés ainfi que de droit.

(i) Le Capitaine au fervice de Heffe, le Sieur de Binenthal, ayant engagé, pour le Corps de Wittgenftein, un fils de Bourgeois de cette Ville dont le Sénat eut connoiffance lors de fa défertion, il a été de même procédé, au mois d'Avril dernier, à toutes les mefures néceffaires pour empêcher de femblables contraventions aux Ordonnances.

Ainfi extrait & trouvé conforme aux Actes & Regiftres publics, fous les dates énoncées, ce que j'attefte fous la foi de mes fonctions, & par le grand Sceau de la Ville.

Fait à Francfort-fur-le-Mein, le 3 Novembre 1792.

Signé, PHILIPPE - CHARLES DIHL, Docteur en Droit & Secrétaire du Sénat.

N.° 4.

Copie de la Lettre du Général d'Armée, Custine, au Magiſtrat de Francfort.

Au Quartier-Général à Mayence, le 23 Octobre 1792,
l'an 1.er de la République Françoiſe.

Messieurs,

Après m'être fait rendre compte des pièces que vos Députés
m'ont remiſes de votre part, je n'ai pu y voir des preuves de votre
attachement à la République Françoiſe & à ſa Révolution.

Les défenſes multipliées de recruter dans la Ville de Francfort
pour les Emigrés & pour le Prince de Wittgenſtein, ſont au contraire, une preuve qu'on y a recruté ; ſi ces défenſes euſſent été
ſincères, ſi vous aviez pris les bons moyens pour les rendre efficaces,
vous n'auriez pas eu beſoin de les multiplier.

Les défenſes n'ont été faites qu'après la ſommation publiée de
la Nation Françoiſe, aux Puiſſances Allemandes de renvoyer les
Emigrés.

Quant aux défenſes promulguées pour empêcher les François fugitifs
d'inſulter & vos femmes & vos filles, ces défenſes ne ſont - elles
pas une preuve certaine de leur exiſtence dans votre Ville ?

Et cette gazette rédigée ſous vos yeux, qui ne pouvoit paroître
qu'avec votre approbation, qui a le plus influé à fauſſer l'eſprit des
Germains, ſur les principes de la Révolution Françoiſe, je vous demande : eſt - ce là une preuve de votre attachement pour la Nation ?
Sans doute vous reconnoiſſez aujourd'hui votre erreur.

J'aime à penſer que, rendus aux principes de juſtice dont l'évidence auroit dû frapper vos yeux, vous adopterez une Révolution,

qui rend aux Nations leurs droits, ne déduit que les pouvoirs ufurpés ; ne tire de vengeance que de la trahifon , ne fait participer aux frais d'une guerre onéreufe, que ceux qui l'ont provoquée , ou qui le pouvoient, ne l'ont point fait empêcher ; que ceux enfin qui ont fouffert que l'on faufle l'efprit public, qui ont voulu éteindre la lueur de la vérité éternelle.

Cependant, malgré l'évidence des torts du Magiftrat de la Ville de Francfort, il n'aura pas intercédé envain , & la Nation Françoife, par mon organe, confent à la remife de 500,000 florins ; je l'ai réduit à 1,500,000 florins ; je donne des ordres en conféquence au Général Neuwinger, & vous engage à ne pas différer le paiement.

Le Citoyen François , Général d'Armée,
C U S T I N E ,

A Meffieurs,
Meffieurs les Magiftrats de la Ville de Francfort.

C U S T I N E ,
Général d'Armée Françoife.

N.º 5.

COPIE de la Proclamation du Maréchal-de-Camp Victor Neuwinger.

Nous, le Maréchal - de - Camp fouffigné , & Général - Commandant l'Armée Françoife dans ces environs, Citoyen françois, favoir faifons, par ces préfentes, à nos amés les Bourgeois, manans & habitans de la ville & République libre de Francfort-fur-le-Mein, qu'ayant reçu ordre de notre Maréchal - de - Camp, le Général de Cuftine , commandant en chef l'armée du Rhin , d'impofer & de faire payer au Magiftrat de cette ville une contribution de deux millions de florins, en reftitution & fatisfaction du dommage occafionné à la Nation Françoife, par la réception, protection, le domicile & le foutien accordés par lui & fes membres ; pendant des années ; aux Ariftocrates émigrés Francois, cette écume de notre Nation libre, ainfi que tout ceci a été allégué & dit plus amplement, dans la lettre adreffée, à ce fujet, par le Général Cuftine, audit Magiftrat.

Nous avons, en même-tems, à déclarer fermement que cette contribution, dictée *en forme de peine, ne doive atteindre nos chers amis les Bourgeois, manans & habitans de la ville & République libre de Francfort-fur-le-Mein, moins encore les colléges tirés de la bourgeoifie, ni les Membres du Magiftrat, pris dans la Bourgeoifie, & non-appartenans aux maifons patriciennes de Frauenftein & de Limbourg; mais qu'elle devra être répartie uniquement fur les familles nobles & patriciennes, fur les maifons, biens & poffeffions des Corporations eccléfiaftiques, des Electeurs, Princes, Comtes & Nobles, fitués dans la ville & territoire d'icelle, & que ceux-ci doivent en être les feuls contribuables, à l'exception de tout autre.*

Nous ordonnons en outre févèrement que, fous peine de notre punition immédiate, ce précepte devra être exécuté. Annullons, par ces préfentes, toute ordonnance du Magiftrat qui auroit été ou pourroit être émis dans un autre fens, toute répartition & difpofition quelconque ; & commettons, en requérant le Magiftrat de cette ville, de faire publier auffi-tôt cette proclamation préfente, au fon du tambour, & de la faire afficher par-tout. Au cas contraire, nous nous verrons obligés, contre notre volonté, d'ufer du pouvoir à nous délégué par la Nation Françoife & le Général Cuftine, & de nommer au public les perfonnes & familles à nous connues dès long-tems, qui fe font diftinguées par leur conduite, & les offenfes groffières de la Nation Françoife, de les punir chacun en particulier, dans leurs maifons, biens & poffeffions.

Donné à Francfort – fur – le – Mein, le 23 Octobre 1792,

VICTOR NEUWINGER,

Citoyen de la République Françoife,

& Général-Commandant en cette Ville l'Armée Françoife.

N.° 6.

Copie de la Lettre du Magiſtrat de Francfort à M. le Général Custine à Mayence.

Francfort, 24 Octobre 1792.

Monsieur le Général,

La Proclamation que vient de publier M. le Maréchal-de-Camp de Neuwinger, en votre nom, nous a fait faire des réflexions ſur les baſes erronnées dont on eſt parti en la rédigeant ; nous avons cru devoir les jetter ſur le papier, pour vous en rendre juge, quoique nous ſachions que pluſieurs de ces réflexions vous aient déjà été faites. Veuillez bien les peſer, &, en ſuivant le principe que vous avez poſé vous-même, que les Citoyens de cette Ville ne puiſſent en être atteints, en décharger entièrement la Caiſſe de la Ville, puiſqu'il n'y a que les Citoyens, & jouiſſant de protection, Membres de cette Commune, ſur leſquels elle frapperoit, ſi néanmoins vous vouliez inſiſter à ce qu'elle en fît les avances.

En eſpérant de votre juſtice une détermination qui nous délivrera des inquiétudes dans leſquelles ces demandes nous ont jettés, & dont nous éloignons, pour le moment, le plus preſſant, en faiſant faire à M. de Neuwinger un paiement proviſoire de 300,000 livres, tirant de la Caiſſe de la Ville, appartenant à tous les Citoyens, & même au regret des Députés de la Bourgeoiſie.

Nous avons l'honneur d'être, &c.

N.° 7.

N.º 6 bis.

Copie de la Note, remise par le Magiftrat de Francfort, à M. de Custine, Général d'Armée Françoife, en date du 24 Octobre.

Les Magistrats de la Ville libre d'Empire de Francfort-fur-le-Mein fe font convaincus, par la lecture de la Proclamation, que M. le Général de Neuwinger vient de faire publier, au fujet des biens fur lefquels doit pefer la Contribution exigée de cette Ville, que l'idée que MM. les Généraux de l'Armée Françoife fur le Rhin ont conçue de la Conftitution de cette Ville, ne correfpond aucunement à la fituation véritable des chofes; il paroît donc effentiel, pour éviter même à MM. les Généraux une démarche dont ils pourroient eux-mêmes avoir des regrets, de rappeller ici le véritable point-de-vue d'où pourroit partir l'affiette d'une Contribution, fi jamais elle avoit lieu; la Ville libre de Francfort ne connoît pas de diftinction d'ordre; elle n'eft compofée que de Membres libres, d'une même Commune, diftincts feulement d'après la nature de leur engagement primitif en Citoyens, & jouiffans de protection; *fi parmi ces Membres, il y a des perfonnes qui font décorés de la Nobleffe, c'eft une qualité abfolument étrangère à celle de Citoyen, & qui ne leur accorde aucun privilège dans le paiement des Impofitions, & aucune prééminence dans les fonctions civiles, que le fort leur fait tomber en partage, de même qu'au Lettré, au Négociant, à l'Artifan & à l'homme de Métier;* cette égalité parfaite des droits a affuré à la Ville de Francfort, depuis longues années, la jouiffance tranquille d'une Liberté précieufe dont chacun des Citoyens de cette Ville fent profondément le prix, & ce feroit cette tranquillité, cette Liberté précieufe, cet attachement à fa Conftitution, cette union d'efprit & de principes, qui feroient altérés par cette diftinction, qui veut

B

être introduite. Les Adminiftrateurs de Francfort, connoiffant leur
tâche, ne fe glorifient pas de l'avoir remplie; mais il leur doit cependant être fenfible de trouver, dans les opinions libres de cette
petite République, pour la félicité de laquelle toutes leurs veilles
font employées, une approbation tacite par l'attachement que le
Citoyen conferve à fa Conftitution. Loin de nous donc tout ce qui
pourroit fervir à l'altérer, & ne feroit-ce pas y porter la première
pierre, en voulant faire, pour l'affiette de la Contribution qu'on
intente de dicter à cette Ville, une diftinction entre les Citoyens,
qui contribuent également à toutes les autres charges; cette diftinction doit, après ce qui vient d'être affirmé, paroître également in-
jufte à la Nation Françoife, & l'on efpère qu'elle frappera fi évidemment Monfieur le Général de Cuftine, qu'il ne trouvera aucune
difficulté à reconnoître l'erreur dont eft parti la Proclamation fufdite.

L'on pofe donc, avec Monfieur de Cuftine, en principe, que
les Citoyens & jouiffans de protection, Membres de cette Commune,
ne doivent être atteints que par cette Contribution, qui veut être
dictée; & l'on y ajoute, fur ce qui a été dit plus haut, que les
perfonnes appartenantes à des Familles Nobles ou Patriciennes, &
qui font également Citoyens, foumis à toute charge, doivent jouir
de la même exception, & l'on ne voit plus fur quoi doit porter cette
énorme Contribution, pour laquelle on infifte. Si elle doit attaquer
*les poffeffions & biens des Princes, Comtes & Corps Eccléfiaftiques,
fitués dans cette Ville & fa banlieue, elle paroît évidemment d'une mefure exagerée, tandis que le nombre de fes Privilégiés, d'après la
Conftitution Germanique, n'eft pas, à beaucoup près, auffi confidérable
qu'il paroît avoir été rapporté à Monfieur de Cuftine; mais encore
elle ne peut alors être exigée de la part de la Caiffe de la Ville, puifque ces poffeffions font abfolument exemptes de la Jurifdiction du Magiftrat, & que leurs Poffeffeurs ne reconnoîtroient pas la diftribution
qui voudroit leur être dictée de la part du Magiftrat.*

Tel eft le véritable point-de-vue de la queftion que fait naître
la Proclamation de M. Neuwinger, d'après lequel Monfieur le Gé-

néral de Cuftine fe perfuadera que la promeffe faite aux Citoyens de cette Ville, que la Contribution ne doit pefer fur eux, feroit nulle dans fon application, fi l'on vouloit prétendre que le Magiftrat en avance les fonds de la Caiffe de la Ville. D'ailleurs, l'on ne peut fupprimer l'expreffion réitérée de l'étonnement que caufe cette demande en Contribution, tandis qu'il n'y a nulle part aucun motif; que même les déclarations précédentes, dans la marche de l'armée de Monfieur de Cuftine, ont donné l'affurance qu'aucune intention hoftile ne feroit tournée contre les Etats, qui fe font confervés dans les bornes de la neutralité. L'on ofe même provoquer au fentiment de la troupe Françoife elle-même, qui fe trouve dans fes murs, qui voyant l'accueil fraternel qu'on leur faifoit, en fuppofant que l'intention de cette arrivée feroit pacifique, fe trouve, d'après bien des rapports, fort étonnée qu'il s'agiffe de foumettre à une Contribution Militaire, une Ville, qui a, de tout tems, eu les relations les plus amicales, & les rapports de commerce les plus intimes avec la Nation Françoife.

N.° 7.

COPIE de la Lettre du Général CUSTINE au Magiftrat de Francfort.

Au Quartier-Général à Mayence, le 25 Octobre 1792, l'an 1.er de la République Françoife.

MAGISTRATS DU PEUPLE,

AVEC quel étonnement j'apprends la manière dont vous répartiffez la contribution que je vous ai demandée; ce n'eft pas le peuple de votre ville qui a offenfé la Nation Françoife, en accueillant fes émigrés; ce n'eft pas lui qui a extrait le numéraire du royaume, pour le verfer dans la caiffe des Princes; ce n'eft pas lui qui a voulu mettre

en circulation de faux affignats faits par eux, & difcréditer la monnoie
nationale ; ce n'eft pas lui qui a approuvé l'impreffion d'une gazette
calomniatrice qui a le plus contribué à fauffer l'efprit des habitans de
la Germanie, fur la Conftitution Françoife ; & c'eft fur lui que vous
faites porter l'impôt.

Le Général que j'ai chargé de cette miffion, a bien mal interprété
mes intentions, lorfqu'il a laiffé faire au peuple une femblable injuf-
tice. L'ariftocratie de la richeffe eft fans doute la plus terrible de toutes.
L'homme opulent jette fur le pauvre les charges publiques ; voilà ce
qui, en France, a caufé la Révolution ; voilà ce qui doit la propager
dans l'Empire.

Je vous demande, Magiftrats du Peuple, de me prêter l'artillerie
& les munitions de Francfort, pour augmenter les moyens de dé-
fenfe de l'intéreffante conquête que vient de faire la République
Françoife.

C'eft de l'artillerie de 24 & de fes munitions dont je vous demande
le prêt ; &, à ces conditions, je diminuerai de 500000 florins la contribution de la ville de Francfort.

Et je demande que cet allégement ne foit réparti, en diminution,
que *fur la côte des tributs les moins riches.*

Le Citoyen François, Général des Armées de la République,
C u s t i n e.

N.° 8.

Copie de l'Invitation du Sénat de la Ville de Francfort,
à une Soufcription volontaire, à raifon d'un intérêt de
quatre pour cent.

Après que le Général François Neuvinger vient d'impofer aujour-
d'hui à cette Ville une contribution démefurée, laquelle, d'après fa

déclaration, lui doit être délivrée demain matin, entre neuf heures & demie; & qu'il a été jugé le plus convenable de prendre, par forme de prêt, des Banquiers & Rentiers de cette ville, la somme demandée, l'on prie, par commission du Sénat, tous les Banquiers & Rentiers d'y concourir avec telle somme dont ils pourront se passer, d'après leurs moyens; & ce, contre une obligation, laquelle sera arrangée au gré de chaque prêteur, sur le pied d'un intérêt à quatre pour cent. Toutes les personnes qui seront portées, par leur patriotisme, à secourir la caisse commune, dans cette triste situation, voudront bien apposer leur signature à cette circulaire, & énoncer demain matin, vers les neuf heures, à la caisse de la ville, la quantité qu'ils entendent fournir, & tenir, en conséquence, prête, vers les dix heures, la somme à laquelle ils se feront engagés.

A Francfort, ce 22 Octobre 1792,
Chancellerie de la Ville.

N.° 9.

COPIE de lettre adressée, par le Magistrat de Francfort, à M. de CUSTINE, Général d'Armées Françoises, du 26 Octobre 1792.

MONSIEUR LE GÉNÉRAL,

Permettez que nous continuions à vous présenter les réflexions instantes, qui doivent faire décharger la Caisse de cette ville de la contribution que vous voulez lui dicter. N'étant que les Administrateurs de nos Concitoyens, n'ayant même aucune disposition libre des fonds de leur patrimoine, sans le concours de leurs Députés; nous devons épuiser tous les moyens pour vous faire naître, Monsieur le Général, une idée plus favorable de nos sentimens & de nos procédés. Vous nous reprochez, Général, d'avoir accueilli

les Émigrés, c'eſt un tort que nos Députés ont eu l'honneur d'ef-
facer juſqu'à l'évidence par l'extrait des fréquentes réſolutions que
nous avons priſes, en nous faiſant la loi de la neutralité la plus
ſévère dans la grande diſcuſſion qu'entamoient les Cabinets : nous
n'avons conſtamment exercé que lès droits de l'hoſpitalité que la
Nation Françoiſe a même reconnu ne pas léſer la neutralité par
ſon attitude vis-à-vis des poſſeſſions de l'Électeur Palatin ; nous oſons
provoquer au même traitement, étant perſuadés, que les ſéjours
momentanés, que des Émigrés peuvent avoir fait dans les auberges
de cette ville, n'approchent pas à l'hoſpitalité nombreuſe que les
Émigrés ont rencontré dans les villes de Manheim & de Heidelberg.

Veuillez bien rendre juſtice à cette proportion, car nous ſommes
bien éloignés de penſer que la juſtice du Peuple, au nom duquel
vous agiſſez, puiſſe faire une diſtinction entre les Etats puiſſans, ou
ceux qui ſe fient uniquement dans leur aſſiette paiſible ſur la
juſtice de leur cauſe. Quant au reproche que le numéraire a été
extrait de la France par les Citoyens de cette ville, pour le verſer
dans la Caiſſe des Princes, nous avouons, qu'en Magiſtrats, nous
ne pouvons prendre connoiſſance des opérations de banque ; mais
cependant il nous eſt parvenu, que s'il a paſſé de l'argent pour la
Caiſſe des Princes, c'eſt qu'il a été payé aux ordres des Puiſſances
Etrangères, en ſorte qu'il ne ſauroit avoir été extrait au détriment
du numéraire de France. Au contraire nous ſommes bien inſtruits
auſſi, qu'il y a eu pluſieurs époques, où l'on a cherché à faire
paſſer tout le numéraire qui ſe trouvoit dans ces environs dans la
Caiſſe nationale.

Vous êtes trop clairvoyant, trop imbu de cette éternelle vérité,
qu'une adminiſtration doit être ſoumiſe aux droits, que la liberté
d'un chacun peut réclamer, pour inſiſter plus long-tems ſur ce
reproche ; de plus, nous avouons que nous ne ſavons, à qui attri-
buer le reproche de la miſe en circulation de faux aſſignats. La
ſeule connoiſſance qui nous ſoit parvenue d'un délit, c'eſt la dé-
tention d'un Commis d'un Négociant d'ici à Straſbourg ; mais à

ce que nous fachions, cette affaire, s'eft éclaircie à fon avantage; il en a été difculpé, & s'il ne l'eût été, ce feroit le délit d'un particulier, pour lequel la réunion des Citoyens ne peut être tenue. Mais ce qui doit ajouter infiniment à la douleur que nous reflentons des imputations faites à nos Concitoyens & à l'adminiftration, c'eft l'opinion dans laquelle vous paroiffez être Monfieur le Général, que nous ayions déjà fait une répartition de la Contribution que vous exigez. Dans les circonftances préfentes, où nous nous trouvons, nous avons exhorté amicalement nos Concitoyens de dépofer chacun dans la Caiffe de la ville, ce dont il pourroit difpofer dans ce moment, en lui affurant un intérêt de quatre pour cent, fauf à faire la répartition dans des momens plus calmes, & certes nous n'avions aucune intention de la faire pefer fur la claffe indigente, ou même reftreinte dans fon économie. Nous pouvons avoir l'honneur de vous affurer, Monfieur le Général, que nous étions d'accord avec les Députés de nos Concitoyens, quelque dût être le fort rigide, que vous nous impofez, d'en agir uniquement dans ce principe. D'après ces explications, Monfieur le Général, nous vous prions itérativement de vouloir bien avoir égard à notre pofition, & nous accorder les mêmes égards de neutralité, dont vous avez laiffé jouir d'autres états, & tout récemment, d'après ce qui nous revient, la ville de Wetzlar & le Prince d'Ifemberg.

La loi de cette même neutralité, que nous réclamons, nous défend de difpofer de notre artillerie & de fes munitions fur-tout, comme lien au Corps Germanique; un pareil prêt nous expoferoit à des reproches bien mérités.

Veuillez bien, M. le Général, apprécier ces motifs, & vous convaincre que nous defirons bien fincèrement de pouvoir continuer avec la Nation Françoife ces rapports d'amitié, que les intérêts de Commerce cimentent déjà fi naturellement.

Nous avons l'honneur d'être avec un confidération diftinguée,

MONSIEUR LE GÉNÉRAL,

Vos très-humbles & très-obéiffans ferviteurs les Bourg-meftre & Magiftrats de la Ville libre de l'Empire de Francfort.

Francfort, ce 26 Octobre 1792.

N.° 10.

Copie de la Lettre de M. le Général Custine au Magiſtrat de la Ville de Francfort, du 28 Octobre 1792, l'an premier de la République Françoiſe.

Messieurs,

Il n'a jamais pu être dans mon intention de faire payer perſonnellement aux Otages, que j'ai dans mes mains, la Contribution que j'ai demandée; j'apprends cependant, que telle eſt votre opinion; & je ne puis concevoir, comment elle a pu s'accréditer parmi vous.

Je demande, que la Contribution porte ſur la richeſſe, & que chacun paie en proportion de ſes facultés, elles doivent vous être connues au moins par approximation; & je me garderai bien d'entrer dans aucunes diſcuſſions ſur ce point.

Je rends compte à la Convention Nationale de ma conduite & des motifs qui l'ont guidée. Ne croyez pas que je projette d'abandonner vos murs; j'eſpere vous donner un jour aſſez d'idées de mes connoiſſances militaires, pour vous faire perdre cette opinion. Si elle étoit la vôtre, vous apprendrez bien-tôt, que c'eſt de ce point que les armées de la République partiront pour contraindre les Puiſſances qui voudront la méconnoître, & que c'eſt envain qu'elles le tenteroient.

J'eſpere que plus éclairés ſur leurs véritables intérêts, elles renonceront à leurs vains projets, elles ne tarderont pas à connoître, qu'une Puiſſance, telle que la France, ne peut recevoir des Loix; qu'il n'eſt qu'un moyen de s'allier à cette Puiſſance, celui de renoncer à l'oppreſſion des Peuples.

La République Françoiſe ne veut pas conquérir l'Allemagne,

ſemblable

emblable chimère eft loin de fa penfée ; mais elle veut affurer fon repos & fur-tout convaincre l'orgueilleux Defpote qui règne fur elle, qu'il eft plutôt de fon intérêt de gouverner fes Etats avec fageffe, d'adopter les principes de la raifon & de la philofophie fi long-tems méconnues.

Voilà le plan de guerre qu'a formé la République Françoife, il faudra détruire vingt-cinq millions d'hommes, faire de fes champs, de fes cités un vafte monceau de cendres de poufflière avant qu'elle y renonce.

Ceffez donc, Meffieurs, de vous repaître de chimères ; confentez à ladite propofition que je vous ai faite de me donner deux millions de florins, & contractez dès ce jour avec nous une alliance que rien ne pourra rompre.

Signé, Le Citoyen François, Général d'Armées,
C U S T I N E.

N.° I I.

COPIE de la Note du Magiftrat de Francfort, à M. le Général CUSTINE, préfentée le 28 Octobre 1792.

LES MAGISTRATS de la ville de Francfort, auxquels les Députés, qui ont eu l'honneur de préfenter leurs devoirs à M. le Général Cuftine, & de chercher à l'engager à une diminution confidérable de la contribution fixée à cette Ville, viennent de relater la réponfe de M. le Général, fe confirment par le rapport, qu'à toute extrémité, ils ne fauroient éviter d'employer tous les moyens poffibles pour effectuer le paiement de deux millions de florins, auquel M. le Général de Cuftine infifte de rechef ; ils épuiferont plutôt toutes les reffources poffibles, que de laiffer dans la pofition défagréable des Citoyens eftimables, pour les intérêts défquels ils font également obligés de veiller.

Telle eft, dans ces circonftances, la réfolution des Magiftrats ; mais,

C

en même-tems, ils se convainquent que les sentimens généreux de M. le Général de Custine ne lui permettront point de donner suite, dans toute sa rigueur, à la demande renouvellée de deux millions. Ils osent se persuader que les lenteurs, les sollicitations tenaces auxquelles ils se sont livrés jusqu'ici, trouveront grace devant M. le Général ; qu'il daignera les apprécier dans leur véritable sens. Les devoirs des Magistrats Administrateurs ayant dû leur imposer la loi d'épuiser toutes les voies, pour détourner aux Citoyens ce traitement rigoureux. Un Magistrat, remplissant ses devoirs, ne sauroit avoir offensé M. le Général ; sa justice, son humanité le porteront à jetter un regard favorable sur les familles nombreuses de cette Ville, qui, quand même en persistant dans notre résolution d'en détourner le fardeau des familles non-aisées, se trouveroient, lors de la répartition d'une aussi grosse contribution, dans des embarras inévitables.

Dans cette conviction, les Magistrats de la ville de Francfort sollicitent M. le Général de Custine de vouloir bien diminuer, d'après sa promesse d'avant hier, de deux millions de livres de France, la contribution exigée. Ils s'empresseront de ramasser au plutôt ce que, déduction faite des à-comptes fournis à M. de Neuwinger, & du montant des fournitures en grains & autres comestibles, d'après le décompte à faire avec MM. les Commissaires des Guerres, restera être dû de cette somme. Par contre, ils espèrent de la justice de M. le Général, que, non-seulement d'après sa propre promesse, les Otages seront remis aussi-tôt en liberté, & déchargés de toute autre prétention ; mais qu'encore M. le Général de Custine fera expédier à la ville de Francfort, pour elle & ses Citoyens, ses possessions quelconques, & les leurs, dans la Ville & son territoire, une promesse solemnelle de demeurer exempte, pendant toute cette guerre, & aussi long-tems & aussi souvent que les troupes Françoises seront sur terre d'Allemagne, non-seulement de toute invasion, prétention de logemens, & de toute exaction à titre de contribution de la part de toute Armée Françoise ; mais encore de toute autre prétention quelconque, réelle ou personnelle ; qu'en conséquence, M. le Général de Custine voudra bien faire vuider la ville des troupes Françoises qui y ont été miles, dans les termes les plus courts, pour tranquillifer le public. Quelque grand que foit ce facrifice, ils ne le regretteront pas, fi, à ce titre, ils peuvent efpérer de concilier à la ville de Francfort la faveur de M. le Général Cuftine, & l'eftime de la Nation Françoife, avec laquelle cette Ville a tant de rapports de commerce. Ils s'y prêteront, d'ailleurs, dans la fuppofition que les Privilégiés que M. le Général de Cuftine a indiqués dans fa première Proclamation, reconnoîtront la juftice de concourir à la formation de cette fomme par leurs rétributions, & qu'ils n'oppoferont pas de la réfiftance aux demandes qu'ils leur feront à cet égard.

Quant à l'artillerie que M. le Général infifte de demander à prêt, les Magiftrats de Francfort ne peuvent que s'en rapporter au fyftême de neutralité qu'ils ont adopté, & qui ne leur permettent pas de confentir à une pareille demande : il eft encore connu que ces effets font partie du patrimoine de la Ville, auquel le pauvre a autant de droit que le riche. En la refufant, ils avouent qu'ils fe fentent trop foibles pour réfifter aux mefures de force que M. le Général pourroit employer ; mais ils ofent efpérer que ce ne feront pas ces moyens par lefquels il voudra forcer un Magiftrat fcrupuleux de remplir fes devoirs, & de ménager tous les égards dans fes rapports politiques.

N.° 11 *bis.*

Copie de la Lettre du Magiftrat de Francfort à M. le Général de Custine, datée du 29 Octobre 1792.

Monsieur le Général,

La Réponse que vous nous avez fait rendre, par nos Députés, doit nous engager à ne plus tarder à vous fournir, en attendant, tout ce que nous avons de numéraire à notre difpofition. Notre opinion n'a jamais été de faire contribuer les Otages perfonnellement à la fomme de deux millions de livres, dont nous pouvons difpofer, au plus ; nous venons d'ordonner à nos Députés au tréfor, de fournir, dans la matinée, encore 550,000 liv. , pour parfaire, avec les 450,000 liv. fournies à M. de Neuwinger, un million de livres ; & nous ferons tous nos efforts pour que le paiement d'un fecond million de livres de France, déduction faite du montant des fournitures en grains & autres comeftibles, fuive de près dans les premiers jours, Nous attendrons, pour ce, votre détermination de la perfonne à laquelle il doive être fait.

Mais, M. le Général, en nous exécutant de cette manière, veuillez bien avoir égard à tout ce que nous avons dit antérieurement, pour émouvoir votre générofité, à nous décharger du refte, & rendre, en conféquence, la liberté aux Otages dont vous vous êtes faifi.

Si vos opérations militaires font combinées de manière à ne pas permettre que les troupes de la République Françoife évacuent encore cette Ville, nous n'infifterons pas fur cette condition ; cependant vous fentirez vous-même trop bien la juftice de cette autre demande que nous avons formée, pour pouvoir nous la refufer, qui concerne votre promeffe folemnelle ; que cette Ville & fes Citoyens, avec leurs poffeffions refpectives dans la Ville & fon territoire, feront maintenues exemptes, à l'avenir, de toute autre contribution, foit en argent, foit en comeftibles, de la part des Armées Françoifes.

En comptant trouver, dans la quote-part des privilégiés, une partie de cette forte contribution, nous concevons l'efpérance de pouvoir fatisfaire aux engagemens que nous prenons, & vous fupplions, M. le Général, d'agréer l'affurance de la confidération diftinguée avec laquelle nous avons l'honneur d'être,

MONSIEUR LE GÉNÉRAL,

Vos très-humbles & très-obéiffans ferviteurs
les Bourg-meftre & Magiftrats de la Ville
libre d'Empire de Francfort.

N.° 12.

COPIE de la Lettre adreſſée par le Magiſtrat de Francfort à M. de CUSTINE, Général d'Armée Françoiſe, du premier Novembre 1791.

MONSIEUR LE GÉNÉRAL,

A la ſuite des ouvertures que vous nous avez fait la grace de laiſſer entrevoir à nos Députés, avant votre départ d'ici, nous nous ſommes empreſſés de faire les plus grands efforts pour verſer, dans les deux fois vingt-quatre heures, entre les mains de M. le Général Neuwinger, le complettement d'un million de florins ; ce paiement a été finalement effectué hier, & nous ne doutons pas que ce Général ne vous en ait déjà prévenu. Cette condition première, de même que le relâchement des Otages en dépendant, pour lequel vous voudrez bien agréer nos remercîmens, ſe trouvant remplie, il nous reſte à convenir avec vous, Mouſieur le Général, ſur la garantie pour le ſecond million de florins. Les Députés que nous envoyons vers vous, à défaut de votre arrivée en cette Ville, auront l'honneur de vous en préſenter le modèle, que nous avons fait projetter, pour vous prouver notre ſoumiſſion parfaite à vos demandes ; mais, en même-tems, ils ſont chargés de vous ſupplier de laiſſer un libre cours à votre généroſité, & de nous accorder, non-ſeulement votre puiſſante protection, pour que la juſtice de la Convention Nationale prononce la remiſe du million effectué ; mais encore de vouloir bien vous contenter de cette ſoumiſſion, & nous tenir quittes de cette garantie, dont la réaliſation, quand même elle contiendroit la facilité des termes, ne pourroit que provoquer la ruine des Particuliers de cette Ville. Il eſt un ſecond point eſſentiel que nous avons à demander de votre indulgente bonté ; nos devoirs de Prépoſés de la Commune nous en font la loi, & l'eſprit inquiété du Citoyen de cette Ville l'attend de vous avec le plus grand empreffement ; c'eft de nous accorder une fauve-garde formelle, telle que nous en formons la demande, dans le placet féparé que nos Députes auront l'honneur de vous préfenter. Après nous être foumis aux conditions que vous nous avez prefcrites, rien ne paroît plus jufte, plus équitable, Monfieur le Général, que l'affurance que nous prenons la liberté de vous demander, & nous ne nous permettrons pas même de douter qu'elle ne foit accueillie de votre part.

Nous avons l'honneur de vous réitérer l'affurance de la confidération diftinguée avec laquelle nous avons celui d'être,

MONSIEUR LE GÉNÉRAL,

Vos très-humbles & très-obéiffans ferviteurs les Bourg-meftre & Magiftrats de la Ville libre d'Empire de Francfort-fur-le-Mein.

Francfort, ce premier Novembre 1792.

N.° 13.

COPIE de la garantie.

NOUS, les Bourg-meftres & Magiftrats de la Ville libre d'Empire de Francfort-fur-le-Mein, reconnoiffons, par ces préfentes, qu'il refte encore dû, fur la contribution militaire impofée à cette Ville, par le Citoyen Général Cuftine, la fomme de 2,181,818 liv. de France, pour completter, avec ce que nous avons payé jufqu'à ce jour, l'enfemble de deux millions de florins exigés de cette Ville, laquelle fomme de 2,181,818 liv. de France, doit être payée en deux termes : favoir, la fomme de 1,090,909 liv. de France, en fix mois, à dater de ce jour ; & les autres 1,090,909 liv. de France, quatre mois après le paiement du premier ter e ; & ce, entre les mains du payeur de l'Armée Françoise, qui y sera autorisé au nom de la Nation Françoise.

Les Magistrats de la ville de Francfort demandent, avec instance, pour leur Ville, la remise de ce reste de contribution ; &, en cas de refus, s'engagent, pour elle, à la payer.

En foi de quoi, Nous avons fait expédier ces présentes, scellées du grand sceau de notre Ville.

Fait à Francfort, le 2 Novembre 1792.

PHILIPPE-CHARLES DIEHL,
Secrétaire du Sénat.

N.º 14.

SAUVE-GARDE.

Au Quartier-Général de Mayence, le 2 Nov. 1792, l'An 1.ᵉʳ de la Rép. Françoise.

Nous ADAM-PHILIPPE CUSTINE, Citoyen François, Général des Armées de la République.

Ordonnons à tous Commandans de Postes & de troupes, à tous Soldats & Citoyens François, de respecter & faire respecter les personnes & les propriétés des Citoyens de la Ville de Francfort, ainsi que d'assurer la liberté du Commerce de ladite Ville pendant tout le tems que les Armées de la République Françoise, sous mon Commandement, resteront sur son territoire en Empire.

Promettons même de demander à la Convention Nationale, de dispenser la Ville de Francfort, pendant le reste de cette guerre, de toutes contributions postérieures à celles fixées aujourd'hui ; rendant tous Commandans de Troupes & de Postes responsables de toutes violences, qui pourroient être commises sur la Ville de Francfort & les Personnes qui l'habitent.

Déclarant, que tout Soldat ou Citoyen François, qui déshono-reroit ce beau titre, en se permettant des violences, sera regardé & traité comme Ennemi de la République.

CUSTINE.

N.º 15.

COPIE de la Lettre de M. de CUSTINE aux Magiſtrats de la Ville de Francfort, en date du 2 Nov. 1792.

Au Quartier-Général de Mayence, le 2 Novembre 1792,
l'An premier de la République Françoiſe.

J'AI REÇU, Meſſieurs, par la Députation du Magiſtrat de Francfort que vous m'avez adreſſée ce matin, & votre lettre & vos demandes. Je m'eſtimerai toujours heureux, lorſqu'il ſera en mon pouvoir de prouver à la Ville de Francfort & à ſes Citoyens, mon empreſſement à maintenir l'ordre dans leur Cité, à y alléger les gênes toujours inſéparables de la Guerre; j'ai été forcé de faire quelques changemens aux termes de la garantie des 2,181,818 liv. qui reſtent dûes pour parfaire les deux millions de florins auxquels a été fixé ſa Contribution.

Il m'a été impoſſible auſſi, Meſſieurs, de vous donner la ſauvegarde que vous demandiez dans les termes dans leſquels elle étoit exprimée, elle eût été une entrepriſe de ma part ſur la Souveraineté nationale, dont la volonté ne peut s'exprimer que par les Décrets de ſes Repréſentans; croyez qu'avec empreſſement, je ferai entendre vos demandes à la Convention Nationale pour garantir votre Ville de toute Contribution à l'avenir, autre que celle ſtipulée.

Croyez aux ſentimens de fraternité que vous a voués le Général de l'Armée Françoiſe.

Le Citoyen, Général d'Armée,
CUSTINE,
à la Ville de Francfort.

N.º 16.

N.° 16.

Copie de la Note de M. le Miniſtre des Affaires Etrangères, à M. Barozzi, Réſident de France à Francfort, datée de Paris, le 15 Novembre 1791.

J'AI ÉTÉ INFORMÉ par une voie indirecte, Monſieur, que les Emigrés françois avoient cherché, à acheter des canons, appartenans à la ville de Francfort, & l'on m'a aſſuré que le Magiſtrat s'y étoit refuſé, & qu'il avoit même fait briſer les canons. Vous voudrez bien vous aſſurer de la vérité de ces faits, & s'ils ſont tels, qu'ils m'ont été rapportés, le Roi vous charge d'exprimer verbalement au Magiſtrat de Francfort, combien Sa Majeſté lui ſait gré de la ſage-conduite qu'il a tenue dans cette occaſion; dans tous les cas, vous l'inviterez, de la part du Roi, à prendre toutes les précautions qui pourroient dépendre de lui, pour empêcher que les Emigrés ne ſe procurent, à Francfort, ni armes, ni munitions de guerre. Je ne ſaurois trop, Monſieur, vous recommander de vigilance & d'activité ſur ce dernier objet.

Le Miniſtre des Affaires Etrangères, *par interim*, DELESSART.

LES COPIES ci-deſſus collationnées bien diligemment par nous, les Notaires ſouſſignés ſe trouvent conformes de la manière ſuivante; ſavoir; N.° 1. 4. 7. 10 & 15ᵇ à leurs originaux N.°ˢ 2. 6.ᵃ 6.ᵇ 9. 11.ᵃ 11.ᵇ 12 & 13 à leurs minutes originales N.°ˢ 3. 5 & 8. aux traductions fidèles de l'Allemand; & N.° 16, à la copie fournie dans;

D

le tems par M. *Barozzi*, & déposée aux archives de cette Ville de Francfort. C'eſt ce que nous atteſtons à dûe requiſition foi de Notaire. A Francfort-ſur-le-Mein, ce 3 Novembre 1792.

JEAN-GÉRARD JAENNICKE, Notaire public Impérial, Juré approuvé & immatriculé par le vénérable Sénat de la ſuſdite Ville libre d'Empire.

JEAN-FRÉDÉRYC KAPPES, Notaire public Impérial, Juré approuvé & immatriculé par le vénérable Sénat de la ſuſdite Ville libre & Impériale.